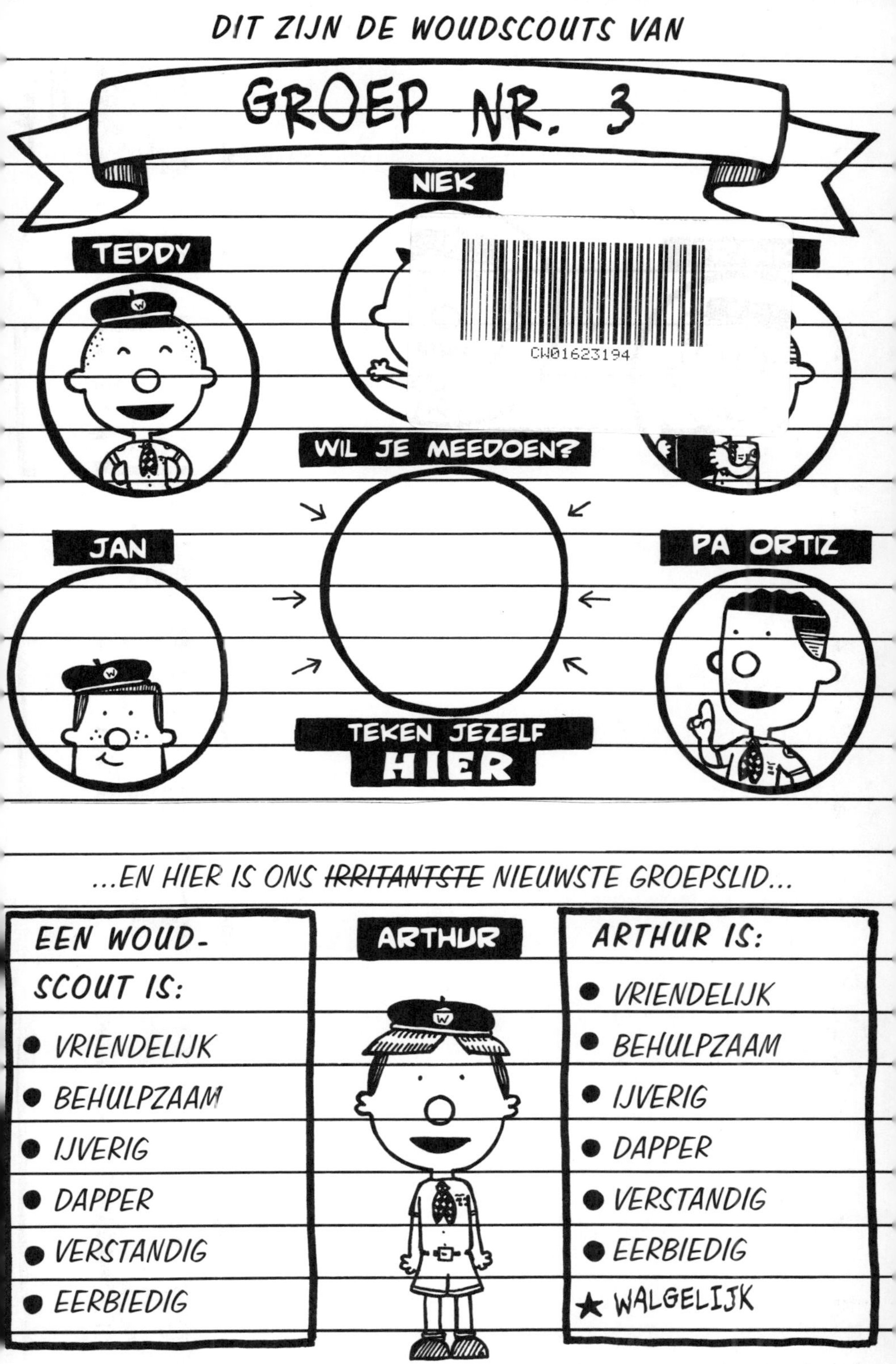
DIT ZIJN DE WOUDSCOUTS VAN
GROEP NR. 3
NIEK
TEDDY
WIL JE MEEDOEN?
JAN
PA ORTIZ
TEKEN JEZELF
HIER
...EN HIER IS ONS ~~IRRITANTSTE~~ NIEUWSTE GROEPSLID...
EEN WOUD-
SCOUT IS:
• VRIENDELIJK
• BEHULPZAAM
• IJVERIG
• DAPPER
• VERSTANDIG
• EERBIEDIG
ARTHUR
ARTHUR IS:
• VRIENDELIJK
• BEHULPZAAM
• IJVERIG
• DAPPER
• VERSTANDIG
• EERBIEDIG
★ WALGELIJK

Niek de Groot: lekker bezig

Boeken over Niek:

Niek de Groot: brokkenpiloot (deel 1)
Niek de Groot flikt het 'm weer (deel 2)
Niek de Groot: lekker bezig (deel 3)

Lincoln Peirce

Niek de Groot:

lekker bezig

De Fontein

Voor Dana H.P., mijn kanjer.

De Nederlandse Kinderjury 2014

Tweede druk, 2013

www.graphic-novels.nl

Oorspronkelijke titel: *Big Nate on a Roll*
Verschenen bij HarperCollins*Publishers*

Vertaling: Anne Douqué
Omslagafbeelding en illustraties: Lincoln Peirce
Omslagontwerp: Hans Gordijn
Grafische verzorging: Text & Image, Gieten

ISBN 978 90 261 2990 2
NUR 283, 284

HOOFDSTUK 1

Het was me nog nooit opgevallen hoe saai het in het nablijflokaal is.

Dat is nogal een open deur. Een lokaal waar je meestal 1) zwijgend met je hoofd op een tafeltje ligt, of 2) honderd keer opschrijft 'Ik mag geen vieze geluiden maken tijdens Anne-Liens fluitconcert,' is vrij slaapverwekkend.

(Ik ben hier trouwens niet omdat ik vieze geluiden heb gemaakt tijdens Anne-Liens fluitconcert. Dat was vorige week. En het ging per ongeluk!)

Ik bedoel dat het lokaal ZELF saai is. Er hangen maar twee dingen aan de muur: één bord met STILTE A.U.B. en één met PRATEN VERBODEN, voor het geval iemand te dom is om bord 1 te snappen. Ik hoef hier geen televisie, maar wat is er mis met wat leuke posters?

Zag je dat ze niet meteen antwoordde? Ze is weer eens verdiept in zo'n kleffe liefdesroman.

'Mag ik even naar het tekenlokaal?'

Ze fronst een wenkbrauw. 'Het tekenlokaal? Waarom?'

De wenkbrauw zakt. 'Niek,' zegt ze, 'Op de Bottel "vrolijken" wij het nablijflokaal niet "op".'

'Precies!' antwoord ik.

Goed, daar gaat mijn idee. Mevrouw P. kan blijkbaar weinig hebben. Soms heeft ze zin in een praatje, als ik hier alleen ben. Maar vandaag zijn er nog drie anderen:

NAAM: *Walter Staver*
HIJ ZIT HIER: *omdat hij zo boos werd op een paar kinderen die hem Wattenstaaf noemden dat hij door het lint ging. Ik vind het een coole bijnaam, maar ja.*

NAAM: *Laura Dekkers*
ZE ZIT HIER: *omdat ze tegen de regels in een naveltruitje heeft gedragen. Waardoor we bovendien allemaal hebben kunnen zien dat haar navel uitsteekt.*

NAAM: *Bas Boender*
HIJ ZIT HIER: *omdat hij van lunch wilde ruilen met Eric Fleury. Die zei nee, dus propte Bas een hotdog in Erics neus. Had ik al gezegd dat Bas nogal gestoord is?*

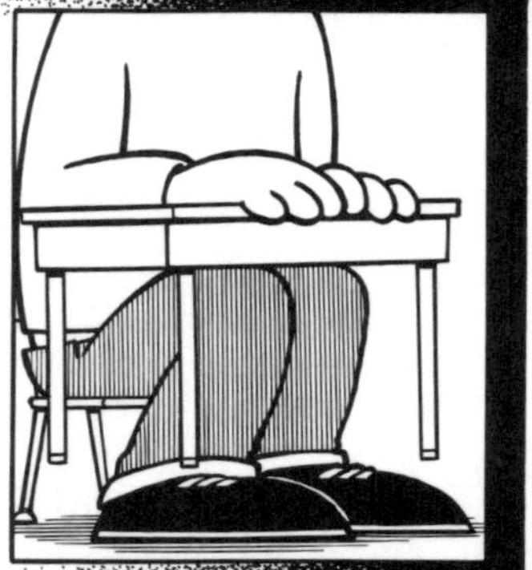

Ik ben dus nummer vier. Je wilt vast weten hoe ik hier terecht ben gekomen. Nou, ik ook. Het lag niet aan mij. TOTAAL niet. Het lag allemaal aan Arthur, en IK kreeg natuurlijk straf terwijl Arthur, oftewel Mazzelman, helemaal niets kreeg. Het is een lang verhaal.

Nieks REALITY STRIP!
MET MIJ!
ECHT DRAMA!
ECHTE ACTIE!
HET BEGON GISTEREN NA SCHOOL...
MEESTER ROMEIN
AHA, NIEK! JOU HAD IK NET NODIG!
O JA?
IK ZOEK LEERLINGEN OM HET SCHOOLTONEEL-DECOR TE SCHILDEREN!
WIL JE HELPEN?
OKÉ!
KOM MEE!
HIJ VRAAGT ME NATUURLIJK VANWEGE MIJN TEKENTALENT!
MAAR WACHT! NIET ZO SNEL!
A B C D E F G H I J K L M N O P Q R S T U V W X Y Z
*(LET OP: BEWAAR DEZE GEHEIME CODE GOED!)

VOOR DIT DEEL HEBBEN WE TWEE MENSEN NODIG!
TWEE MENSEN? DUS U EN IK?
NEE, DAT ZIJN JIJ EN...
...ARTHUR!
DREIGENDE MUZIEK
KLOP! KLOP!
!
! !
ARTHUR, OMDAT JIJ ZO GEWELDIG BENT, MAG JIJ VAN MIJ DE BERGEN EN DE WOLKEN SCHILDEREN!
HOKÉ! BEDANKS HOOR MEESTER!
ARTHURS "SCHATTIGE" TAALFOUTEN
BLAUW

EN NIEK? JIJ...
JA? JA?
...HOUDT ARTHURS LADDER VAST!
WAT?
HOKÉ, NIEK! IK KLIMT NU OMHOOG, JA?
OOO, VIND JE DAT SPRAAKGEBREK NIET LIEF?
HIJ IS ZO'N DROMER!
AUW
KWAST KWAST
DIT IS BALEN.
AUW
DRUP DRUP
HÉ!

KIJK UIT, ARTHUR!
JE KNOEIT OP ME!
PLOTSELING!
FLOP!
ARGH!
IK BEN BLIND!
STRUIKEL
STOMMEL
HOEI!
BOF!
KRETS!
BAM!

LIEVE HELP!
ARTHUR! MANKEER JE NIKS?
MANKEERT ARTHUR NIKS?
NIEK, JIJ MOEST DE LADDER GOED VASTHOUDEN!
DEED IK, MAAR...
EEN VAL VAN ZO'N HOOGTE KAN VRESELIJK AFLOPEN!
MET NABLIJVEN LEER JIJ HOPELIJK JE LESJE!
! !
PEN PEN
IK HEB HET ALLANG GELEERD: ARTHUR WINT ALTIJD!
EINDE

Echt waar, hij wint altijd. Ik kan er niet omheen: Arthur is in alle opzichten perfect. Hij is vriendelijk, slim, en goed in zo ongeveer alles. De leraren zijn dol op hem, net als de leerlingen. Ik vind hem zelfs aardig, en ik kan die gozer niet eens uitstaan.

Weet je wat ook irritant is? Omdat ik moet nablijven – dankzij Arthur, even voor de duidelijkheid – ben ik straks te laat voor mijn woudscoutbijeenkomst.

Yep, ik ben een scout. Vroeger wilde ik niks weten van scouting, want na elk woudscoutkamp kwamen Frank en Teddy thuis met voedselvergiftiging. Of iets ergers.

Uiteindelijk haalden ze me over om het te proberen, en het blijkt niet zo oenig als ik dacht. Sommige dingen zijn suf, maar daar staan gave dingen tegenover. Zoals het uniform. Het uniform is te gek.

Zelfs de baret is best cool. Voordat ik bij de woudscouts ging, dacht ik dat alleen Fransen en mimespelers baretten droegen.

Maar die snertbijeenkomst is al begonnen. Misschien haal ik het tweede deel. MISSCHIEN...!

YES! Ik schiet uit mijn stoel, sprint naar mijn kluisje, grijp mijn uniform en duik de wc in om me te verkleden. Dertig seconden later, en...

Teddy's vader is onze groepsleider, dus de bijeenkomsten zijn altijd bij hem. Vanaf school is het een kwartier lopen...

Ik klik mijn helm vast en zet af. Ik zoef over de Haagbeukweg, ga linksaf de Pioenstraat in en neem de brug over de Breedkreek. Hoewel, kreek... Het is meer een moerassige vuilnisbelt.

Verderop loopt een vrouw met haar hond. Of nee, 'hond' is niet het juiste woord. Het is zo'n speelgoedpoedel die eruitziet alsof iemand een cavia met watten heeft beplakt. Als je zo'n hond wilt, koop dan gewoon een KAT!

De vrouw hoort me aankomen en stapt naar links. Maar de hond gaat naar rechts. Ik kan niet meer remmen en sjees op de riem af, die als een struikelkoord boven de stoep hangt.

Ik maak een draai in de lucht en land op mijn rugzak. Dat is het goede nieuws. Het slechte nieuws is dat mijn skateboard onder de reling doorschiet, met een dikke plons in de sloot valt...

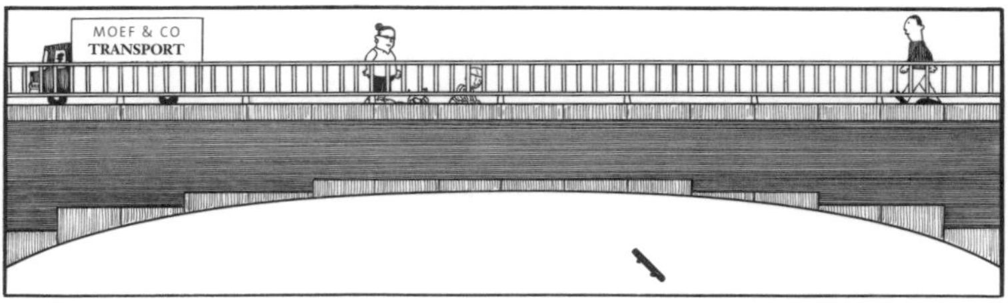

...en naar de drabbige bodem zinkt. Vaarwel, skateboard.

De hond blaft, de vrouw kwekt en voorbijgangers gapen ons aan. Maar het dringt niet tot me door. Misschien heb ik een shock. Ik zie alleen maar de kringen in het water op de plek waar mijn skateboard nu voorgoed rust.

Balend doe ik mijn helm af en stop hem in mijn tas. Einde oefening.

Deze rampzalige kettingreactie is Arthurs schuld. Als hij geen verf op me had geknoeid, had ik niet 1) de ladder omgegooid, 2) hoeven nablijven, 3) de bijeenkomst half gemist, 4)

geskateboard naar Teddy, 5) die vrouw en haar hond omvergereden en 6) mijn skateboard in de plomp gelanceerd. Het is zo duidelijk als wat. ENORM bedankt, Arthur.

Uiteindelijk kom ik bij Teddy aan. De jongens zitten op de stoep bij de voordeur.

'O, echt?' mompel ik. Eerlijk gezegd kan het me niet schelen, zo moe ben ik.

'EN...' zegt Frank met een reuzengrijns, 'onze groep heeft te gek nieuws!'

Te gek nieuws? Ik voel me al iets beter.

'We hebben een nieuw lid geïnstalleerd!' zegt Teddy plechtig.

Frank doet tromgeroffel na. Teddy imiteert juichend publiek. De deur zwaait open en...

En DIT noemen ze geweldig nieuws?

HOOFDSTUK 2

'Prachtastisch kostuum hè, jongens?' vraagt hij.

KOSTUUM? Dat heet een UNIFORM, nitwit!

'Heel mooi, Arthur,' zegt Frank.

Goh. Túúrlijk ziet hij er mooi uit. Da's toch logisch? Want...

'Waarom trek je zo'n raar gezicht?' vraagt Teddy.

'Hij hebt vast een scheetje dwars,' zegt Arthur.

‘Ik baal gewoon dat ik de bijeenkomst heb gemist.’

Iedereen is stil. Prima, hoor. Wat ze ook zouden zeggen, ze kunnen me toch niet opvrolijken.

DAT helpt wel!

‘Eh... o jee,’ zegt Teddy. ‘Ze zijn allemaal al op.’

O? Heeft Snoezie Schattemans iets gekregen wat voor MIJ was? Verrassend!

'Sorry,' zegt Teddy bedremmeld.

Joh, geen probleem. Sterf ik gewoon de hongersdood. Bovendien lost een koekje mijn echte probleem niet op: mijn kans op het insigne Aanwezigheid is verkeken.

Bij de woudscouts kun je voor ongeveer alles een insigne verdienen. Deze heb ik tot nu toe gekregen:

HELPENDE HAND – JE MOET GOEDE DADEN DOEN ZONDER DAT JE ERVOOR WORDT BETAALD. IK HEB OP PLUK GEPAST, DE HOND VAN BUURMAN EUSTIS, TOEN DIE NAAR EEN VOLKSDANSFEEST IN DRUNEN WAS.

BLEEK DAT PLUK DIE WEEK EEN DARMVIRUS HAD. LOGISCH DAT MENEER EUSTIS WEG WILDE.

EHBO – REANIMEREN, SPALKEN OF HET MAKEN VAN EEN TRILJOEN TOURNIQUETS? NIETS WAS ZO MOEILIJK ALS DE HEIMLICH-GREEP UITVOEREN OP JAN.

☑ **KNUTSELEN** – DIT INSIGNE WAS **VERREWEG** HET SNELST VERDIEND. JE MOET TIEN UUR AAN EEN KUNSTPROJECT WERKEN, DAT IS ALLES.

○ **INSIGNES DIE IK BIJNA HEB:**

AANWEZIGHEID, BURGERSCHAP, KAARTLEZEN, BOOGSCHIETEN, KNOPEN, NATUURBEHOUD, ZWEMMEN, DEBATTEREN

○ **INSIGNES DIE IK NIET WIL:**

VOEDING (WANT DAN MAG IK GEEN KAASCHIPS MEER), HOORNBLAZEN, DIEREN OPZETTEN, NAAIEN, TAPDANSEN

Maar goed, terug naar dat insigne Aanwezigheid. Om ’m te verdienen moet je zes maanden lang bij alle bijeenkomsten zijn, of een DEEL ervan. Teddy’s pa legt het zo uit:

Dat zijn zesentwintig bijeenkomsten op rij. En nu komt het: de bijeenkomst van vandaag was nummer vijfentwintig.

‘Ah!’ zegt Arthur, en hij wijst naar de auto die Teddy’s oprit op rijdt. ‘Daar is mijn moeder!’

Hij gebaart naar Frank en mij. 'Kom mee! Dan brengt wij je naar huis!'

'Nee, bedankt. Ik loop liever,' antwoord ik meteen. Een rit naar huis zou heerlijk zijn, als ARTHUR niet in die auto zat.

Die goeie ouwe Frank.

We zwaaien Teddy gedag en gaan naar huis. Frank woont naast me, dus we nemen dezelfde route.

‘Waar is je skateboard?’ vraagt hij na een tijdje. ‘Had je die niet mee naar school?’

Ik moest hem even afkappen. Ik wil geen rotzak zijn, maar ik heb gewoon geen zin om erover te praten.

‘Oké, wil je dan een paar weetjes horen?’ vraagt Frank opgewekt. Ik kreun, maar het is al te laat. Hij trekt dat stomme boek tevoorschijn en bladert erin als een maniak.

FRANK-FEIT:
Zijn boek Feitastische weetjes *neemt hij overal mee naartoe.*

‘Ben je er klaar voor?’ vraagt hij.

‘Nee,’ antwoord ik. Hé, ik ben gewoon eerlijk.

‘Andere vraag,’ zeg ik. ‘Deze is te makkelijk.’

‘Oké,’ zegt hij, en hij schraapt zijn keel. ‘Welke astrofysicus was verantwoordelijk voor –’

‘Dat was een GRAPJE, Einstein,’ roep ik.

'We hebben het over de inzamelingsactie gehad,' antwoordt Frank.

'Dat zijn spreukplaatjes voor aan de muur,' legt hij uit. 'Kijk maar.'

Hij geeft me een flyer, die ik even bekijk. Wacht, is dit een grap?

'Tja, mooi is anders,' geeft Frank toe.

Geweldig e n o t e n

Wij zijn dol op
oma's!

Ondersteboven van jou

VOLG JE DROMEN!

Samen delen...
samen spelen

ROBBERTJE
KNUFFELEN?

WIE, IK?

IK WIL
'N KUS!

Ik heb wel eens iets huis-aan-huis verkocht, maar nog nooit zoiets STOMS. Die Pretbekjes komen ergens op mijn lijst van...

ERGER

3 LOTEN VOOR DE HONKBALLOTERIJ

RAMPZALIG

2 GEURKAARSEN VOOR DE VOETBALCHEERLEADERS

TOTALE NACHTMERRIE

1 TIJDSCHRIFTEN VOOR HET SCHAAKTEAM (LET OP: KIJK ALTIJD EERST WAAR JE LERAREN WONEN VOORDAT JE AANBELT!)

‘Waarvoor zamelen we eigenlijk geld in?’ vraag ik mopperend.

‘De contributie is voor onze uniforms,’ legt Frank uit. ‘Maar we hebben extra geld nodig voor nieuw kampeermateriaal.’

Ik grinnik. ‘Met deze TROEP halen we niks op.’

Frank fronst. 'Je hebt een beter verkooppraatje nodig,' zegt hij. 'Anders win je die prijzen nooit.'

'Er is een eerste, tweede en derde prijs voor de scouts die de meeste plaatjes verkopen,' legt hij geduldig uit. 'En het zijn MOOIE prijzen, want deze inzameling is niet alleen voor onze groep...'

Frank schrikt. 'Mijn alarm!'

'Wacht! Frank! Wat zijn de prijzen?'

'Ze staan op de achterkant van die flyer!' roept hij over zijn schouder. 'Zie je later!'

Ik draai de flyer om.

Een bouwpakket voor een robot? Niets voor mij, tenzij de robot mijn geschiedenis-huiswerk kan maken.

Nee, bedankt. Telescopen zijn nep. Op de doos staat 'Ontdek het heelal!', maar zodra je erdoorheen kijkt, zie je de reflectie van je oogbol.

En de EERSTE prijs is...

De energie giert door mijn lijf. Ineens vind ik die suffe inzamelingsactie stukken interessanter. Nu heb ik een DOEL. Nu heb ik MOTIVATIE.

Voor zo'n prijs verkoop ik ALLES!

HOOFDSTUK

3

'Jullie worden tweede, jongens!' roep ik de volgende ochtend wanneer ik samen met Frank en Teddy naar school loop.

‘Ho eens,’ zegt Frank. ‘Gisteren vond je die dingen nog hartstikke stom!’

‘Dat zijn ze ook,’ antwoord ik.

Frank werpt me zo’n typische Frank-blik toe. ‘En wat zijn de charmes van Niek de Groot precies?’

‘Dat vragen meer mensen zich af,’ zegt Teddy.

'Jullie herkennen mijn charmes nog niet als ze op je kop landen,' zeg ik.

Dat klinkt eigenlijk als een behoorlijk goed idee!

'Hé, Teddy en ik zijn niet je probleem,' zegt Frank.

'Arthur?' herhaal ik. 'Hoe bedoel je?'

'Tijdens de bijeenkomst was hij nogal enthousiast over de inzameling,' legt Frank uit.

'Ja,' bevestigt Teddy. 'Hij wil dat skateboard per se winnen.'

Skateboard? MIJN skateboard?

'Arthur is vast een topverkoper,' zegt Frank.

Geweldig. Ik zie het al voor me.

Misschien overdrijf ik een heel klein beetje. Volwassenen worden helemaal soft met Arthur in de buurt, en weet je waarom? Hij is een slijmjurk.

Zie je? Arthur is diep in gesprek met meester Klavier, de zuurpruim. Ik praat alleen met hem als het ECHT moet, maar Arthur is de grootste slijmbal van de school.

Correctie: Arthur is de op een na grootste slijmbal van de school. GINA wint.

En dit is het vervelende: het WERKT ook nog. Het slijmen, dus. De leraren trappen er elke keer weer in. Dan zeggen ze: 'Arthur is zó dit. Gina is zó dat.' Arthur en Gina. Gina en Arthur.

Wacht. Ho. WAUW!

Ik heb ineens zo'n fantastisch idee dat ik zowat uit elkaar barst!

Waarom heb ik daar niet eerder aan gedacht? Die twee lijken precies op elkaar. Ze zijn de koning en koningin van de cijferlijsten, ze zijn superbraaf en ze zijn allebei verschrikkelijk irritant. Waar wachten we nog op? We gaan deze tortelduifjes koppelen!

Er is alleen één piepklein probleem:

Arthur heeft al verkering met Roos.

Vraag me niet waarom. Iedereen met meer dan één hersencel weet dat IK veel beter bij Roos pas dan Arthur. Hij HAALT het niet bij mij.

Bovendien ken ik Roos al véél langer dan Arthur. Ze begon me net leuk te vinden toen hij hier kwam wonen. Belachelijk!

Terug naar mijn geniale idee: stel dat ik Arthur wijsmaak dat hij en Gina voor elkaar bestemd zijn? Dan dumpt hij Roos...

Oef. Vermorzeld door mijn eigen kluisje. Nogal gênant. Gelukkig heeft Roos het niet gezien.

'Niek,' hoor ik naast me.

Echt? Fijn dat je het even zegt, Arthur. Jou ontgaat ook NIETS!

Ik prop alles terug en ben net op tijd voor mentor-uur. Het is belangrijk dat ik vandaag niet hoef na te blijven.

Ik heb na school al mijn tijd nodig...

Ik verander dus in Brave Hendrik. Heeft juf Godhelp een vrijwilliger nodig? Ik steek mijn hand op. Stelt juf De Klerk een vraag? Ik antwoord.

Vertelt meester Stap een saaie mop? Ik lach. Eigenlijk gedraag ik me de hele dag als Arthur.

Ik haat mezelf.

Maar het werkt. Tot aan natuur & techniek, het laatste uur, hoef ik nog niet na te blijven. Nog drie kwartier te gaan.

Meester Klavier begint aan een geeuw-athon en mijn brein schakelt over op de automatische piloot. Ik denk non-stop aan het skateboard, dat VEEL mooier is dan mijn oude in de sloot.

Hij is vast tien keer duurder. En hij is op maat gemaakt!

Ik hoor iets achter me. Ik draai me om, en Gina loert over mijn schouder. Ik sla mijn schrift dicht, maar het is te laat.

Triomfantelijk steekt ze snel haar hand op.

Vol ongeloof staar ik Gina aan. Maar wat had ik dan verwacht? Hier leeft ze voor. Ze grijnst kwaadaardig naar me.

'Mag ik je schrift zien, Niek?' vraagt Klavier.

Jongeman. Als ze je zo noemen, ben je verzekerd van nablijven. Tenzij je een wonder verricht. Tenzij je iets bizars uithaalt.

Je vertelt de waarheid.

'Wacht even,' onderbreekt meester Klavier me. Hij staat op.

Ik slik. Krijg ik meer straf omdat ik de waarheid vertel? Iedereen loert en fluistert terwijl ik met meester Klavier de klas uit loop. Het geluid van de dichtvallende deur echoot door de gang. Wat is hij van plan?

Een eeuwigheid zegt hij NIETS. Mijn oren gloeien. Mijn handen glibberen van het zweet. Dan schraapt hij zijn keel.

'Jongeman,' zegt Klavier ernstig, 'ik wil met jou een gesprek...'

HOOFDSTUK 4

'Je zei toch dat je scout bent?'

Waar is hij op uit? 'Uh-huh,' antwoord ik nerveus. 'Een woudscout.'

'Ja, meester,' zeg ik snel.

'Ik ga je een geheimpje verklappen, Niek,' zegt meester Klavier. Wacht, moet hij... LACHEN?? Die fossielensmoel lacht nooit. Misschien zit zijn kunstgebit los. Ik vind het maar griezelig.

Oeps. Dat kwam er iets te geschokt uit. Maar ik kan nauwelijks geloven dat meester Klavier ooit scout is geweest. Of kind.

‘Vroeger moesten wij ook geld inzamelen,’ vertelt hij.

Man, ik weet niet eens wat een slobkous IS.

‘Luister, Niek,’ zegt hij. Ineens is het weer menens. ‘Ik keur tekenen tijdens de les af...’

Echt? Wauw, dit lijkt wel zo'n domme film, waarin ik plotseling besef:

...en dan zegt hij:

Maar precies drieënhalve seconde later...

Goed, dit is dus NIET zoals in de film. Laat ik maar gaan zitten en doen alsof ik druk bezig ben. De aardige meester Klavier is verdwenen. Hier is zijn gemene tweelingbroer.

De dag eindigt met een klapper: ik vertel Gina dat ik niet hoef na te blijven. HA!

Over Gina gesproken... herinner je je mijn idee nog? Over Gina en Arthur als stel?

'Ah!' zegt Arthur. 'Hoihoi Niek!'

Ja, ook hoihoi. Genoeg gekletst. 'Luister, Arthur, makker van me,' begin ik.

'Huh?' zegt Arthur. 'Hoe bedoelt je?'

'Nou... ze is best leuk, toch?'

Arthur kijkt verward. 'Waarom zegt jij dat?' vraagt hij.

Kom op, Arthur, werk even mee. Op deze manier krijg ik jou en Gina nooit bij elkaar. 'Ze heeft veel goede kanten,' zeg ik. 'Ze is slim, ze is... ehmm... even denken... ze is...'

Sorry. Er zat iets vast in mijn keel.

Arthur knikt. 'Hm,' zegt hij. 'Ja, ik denkt dat ik begrijpt wat jij bedoel.'

Echt waar? Wauw, dan was mijn betoog beter dan ik dacht! Trapt Arthur hier werkelijk in?

Net wanneer ik hem bijna zover heb...

Verkoppen? Arthur heeft zeker voetbaltraining. Mooi! Dat betekent dus dat hij GEEN geld inzamelt! Ik denk terug aan Franks woorden:

Dit is mijn kans op een voorsprong. Ik sprint naar huis, trek mijn uniform aan en pak mijn spullen:

En ik heb een geheim wapen: ik ben een woudscout! Een man in uniform is onweerstaanbaar. Wie wil die arme scouts nou niet aan nieuwe kampeerspullen helpen?

Ik hoop wel dat onze volgende kampeertocht beter afloopt dan de laatste.

EN ZO...
BULDER BERG PARK
OKÉ JONGENS, IK LEID DE ENE GROEP...
...EN NIEKS VADER LEIDT DE ANDERE!
HOI KIDS!
IK ♡ NATUUR!
OKÉ, SCOUTS! KLIMMEN!
TOP
GUT, WAT IS DIT EEN STEILE BERG!
DIT IS DE BERG NOG NIET EENS!
DIT IS HET TOEGANGSPAD VANAF DE PARKEER-PLAATS!
JUIST. WIST IK WEL.
IK ♡ NATUUR!

UITEINDELIJK...
WAAR BLEVEN JULLIE? WE STAAN AL EEN UUR OP DE TOP!
WE MOESTEN STEEDS STOPPEN OMDAT NIEKS PA NIET MEER KON.
PIEP! HIJG!
DAT UITZICHT!
MAG IK DE VERREKIJKER, PAP?
OEPS, DIE LIGT NOG IN DE AUTO, DENK IK.
PAF!
VOLG MIJ, MANNEN! DIT PAD LEIDT NAAR HET KAMP!
HUP...! TWEE...! DRIE...! VIER!

LATER...
WAT ONHANDIG DAT IK IN DE RIVIER VIEL!
TWEE KEER.
WE BOUWEN EEN KAMPVUUR OM OP TE WARMEN! HUP HUP, KIDS!
HET WORDT DONKER!
ZET DE TENTEN OP!
GRRROOWWWMM!
WAT WAS DAT??
GRRRZZZZOOOHHRRGG!
DA'S EEN WOLF!
DA'S EEN BEER!
KALM, JONGENS, KALM!

HET IS NIEKS VADER!
GZZRR!
DIE OCHTEND...
AH, LEKKER! ONTBIJTEN MET PINDAROTSEN!
KNISPER
KNERP
SLURP
HALLO DAAR EEKHOORNTJE! WIL JIJ OOK?
PAP! DA'S GEEN EEKHOORN!
IEK!
IK NAT
STINKDIER
PFFFFT!

En we stonken nog lang en gelukkig. Of ten minste die hele dag. Het duurde eeuwen voordat de stank sleet. Daarna liet ik pap beloven dat hij geen begeleider meer zou zijn.

Ik loop naar het huis van meneer Eustis. Hij DENKT dat hij deze misselijkmakende plaatjes niet nodig heeft. Maar ik overtuig hem met mijn gesmeerde verkooppraatje.

'Sorry, Niek,' zegt meneer Eustis, die komt aangerend. 'Je weet hoe dol Pluk op je is!'

O ja? Nou, hij is ook dol op achter bomen aan zitten en zichzelf urenlang likken. Dus ik voel me niet bepaald gevleid.

'Zocht je mij?' vraagt meneer Eustis.

Wat blijkt? Meneer Eustis is een softie. Misschien voelt hij zich schuldig omdat Pluk me als kluif heeft gebruikt, maar hij koopt een spreukplaatje.

Ik noteer zijn naam en adres op mijn klembord. Dat is acht euro voor de woudscouts. En belangrijker...

Daarna wordt het moeilijker. Blijkbaar zijn er weinig mensen thuis rond vier uur. En wie wel thuis is, heeft al iets gekocht voor de atletiekclub, het kattenasiel of de Borduurclub voor Linkshandigen.

En sommige mensen zijn gewoon superraar.

Ik ploeter door. Na een paar uur heb ik vijf Pretbekjes verkocht. Da's veertig piek!

Ik maak een snelle rekensom. We hebben twee weken de tijd. Als ik er elke dag vijf verkoop...

Wist je al dat ik wiskunde haat?

Hoe dan ook, als ik zo doorga, sleep ik bakken met geld binnen voor de woudscouts. En lig ik VER voor op...

ARTHUR!
PRETBEKJES

HOOFDSTUK 5

Hij ziet me op de oprit. MIJN oprit.

Dit meen je niet. Wat wil-ie nou? Dat ik hem de geheime woudscoutboks geef? Niet dat we die hebben, of zo. En trouwens, wat doet hij hier eigenlijk?

Hij kijkt me niet-begrijpend aan. 'Ja, precieselijk,' zegt hij. 'Net als jij, Niek. Plaatjes verkoppen.'

Verkoppen? Verkoppen??

‘Ah!’ zegt hij. ‘Ja! Verkópen!’

Nee, hè. Dacht ik dat Arthur op het voetbalveld stond, blijkt hij Pretbekjes te verkopen aan mijn PA! Wat een vuilak.

‘Ik gaat nu naar huis,’ zegt hij. ‘Toedels, Niek.’

‘Wacht effe, Arthur.’

Ik ga het vragen, hoewel ik het niet wil. Maar ik móét het weten.

'O, niet erg zoveel,' zegt hij wuivend.

Twintig? Zei hij nou TWINTIG? Dat is onmogelijk! Niemand kan twintig van die stomme plaatjes verkopen binnen twee uur!

En dan komt pap eraan gelopen.

Ik moet het hem nageven: zijn timing is onnavolgbaar. Hij kiest altijd het allerergste moment uit om een waanzinnig oenige opmerking te maken.

Dus ik BEN al in een rotbui omdat koning Klefbek vier keer zoveel plaatjes heeft verkocht als ik... en dan laat pap nóg een bommetje afgaan.

Dat is de druppel. Tommy Tactloos raakt de verkeerde snaar. Houd afstand en bedek jullie oren, mensen. Ik ga pap even goed de waarheid vertellen.

Maar pap is nog niet klaar. ‘Wat attent dat hij die brownies kwam brengen,’ zegt hij.

Huh? ‘Brownies?’

‘Hij vertelde dat er geen lekkers meer voor je was na de scoutbijeenkomst,’ legt pap uit.

Ik snap het niet. ‘Wilde Arthur geen spreukplaatjes aan je verkopen?’ vraag ik.

‘Wat? Natúúrlijk niet,’ zegt pap. Hij lijkt verbaasd. ‘Waarom zou hij dat doen?’

Daar denk ik even over na. Pap heeft gelijk. Dat zou Arthur NOOIT doen.

Nu hoef ik in elk geval niet tegen pap te schreeuwen. En dat is maar goed ook, anders krijg ik huisarrest.

Had ik al over het schooltoneel verteld? Dit jaar voert de toneelclub *Peter Pan* op en vanavond is de première. Frank, Teddy en ik gaan er samen heen.

Ik kan bijna niet wachten, want ik heb *Peter Pan* pas één keer gezien. Pap nam Ellen en mij mee naar een voorstelling in het buurthuis. Ik zat pas in groep 4, dus ik herinner me vaag een paar dingen. Maar dit weet ik nog wel over...

TOEN DE ACTEURS DOOR HUN SLAAPKAMER VLOGEN, ZAG HET ER ZO **NEP** UIT. **JE KON GEWOON DE TOUWEN ZIEN!**

IN HET PROGRAMMA-BOEKJE STOND DAT KAPITEIN HAAK IN WERKELIJKHEID EEN UITSTEKENDE KLARINETTIST WAS. DIE HAAK WAS DUS NIET EENS ECHT.

ELLEN **LEGDE** DIE AVOND ALLES AAN ME UIT. WIE HAD **HAAR** GEBOMBARDEERD TOT THEATEREXPERT?

IK HAD HEEL ERG LAST VAN MIJN DARMEN EN MOEST EINDELOOS LANG NAAR DE WC. DAARDOOR MISTE IK DUS EEN ONWIJS GROOT STUK.

TIJDENS DE GROTE VECHTSCÈNE BRAK HET ZWAARD VAN HAAK IN TWEEËN, EN DAT WAS DUIDELIJK EEN ONGELUKJE. VANUIT DE COULISSEN GOOIDE IEMAND EEN NIEUW ZWAARD HET PODIUM OP, HAAK PLUKTE

HEM UIT DE LUCHT EN VOCHT VERDER. IEDEREEN JOELDE, EN PAP ZEI:

Een uur later tref ik Frank en Teddy op onze vaste plek en we lopen naar school.

'Gelukkig hadden we onze kaartjes al te pakken in de voorverkoop,' zegt Frank.

'...Hebben jullie al spreukplaatjes verkocht?'

'Ja, vijf,' antwoord ik.

'Wauw, ik pas ÉÉN, aan mijn oma nog wel!' zegt Frank. 'Vijf is knap, Niek!'

'Yep. Krankzinnig, hè?' zeg ik. 'Dat skateboard heb ik niet één-twee-drie gewonnen.'

'Ach, niet erg, je hebt toch al een mooi board,' zegt Teddy troostend.

'Eh, niet echt,' antwoord ik. Ik vertel het horrorverhaal van de poedel, de brug en het vliegende skateboard. Ze reageren precies zoals je verwacht van je beste vrienden.

Frank komt tot bedaren. 'Sorry,' zegt hij zonder het te menen. 'Dit is echt niet grappig.'

'Nee, totaal niet,' beaamt Teddy grinnikend.

'Net als jullie twee dus, stelletje sukkels,' reageer ik.

Wanneer we aankomen zit het Cafetorium stampvol. 'Zoeken jullie een plekje?' zeg ik tegen Frank en Teddy. 'Ik haal de programma's.'

Wat een mazzel! Ze is alleen! Van Arthur de Ongelooflijke Klittenbandjongen geen spoor! Zou... hé!

Misschien is mijn praatje over Gina tot Arthur doorgedrongen! Misschien heeft hij Roos opgebeld en gezegd:

Zodra die droom in duigen is, heeft Roos natuurlijk ludduvuddu. En wie gaat haar dan troosten? Ondergetekende!

Tjonge, wat een dooie mus. Net wanneer ik Roos gedag wil zeggen verschijnt Geweldige Gerrit, gediplomeerd charmeur, ten tonele met zijn zoetsappige grijns en zijn scoutinguniform...

Ho eens even. Scoutinguniform?

Waarom draagt Arthur zijn uniform naar de schoolvoorstelling? Dat is gewoon raar.

Ik heb geen tijd om erover na te denken. De lichten dimmen, de voorstelling begint.

En het stuk is goed. Het enige wat fout gaat is dat Michiel (oftewel Jan) het decor bijna sloopt tijdens zijn vliegscène in de eerste akte. Maar dat maakt het juist grappiger.

Voordat we het weten, is het pauze. De lichten gaan aan en we strekken onze benen.

'Laten we wat te eten halen,' zegt Teddy.

We lopen de zaal uit, de hoek om. Plotseling blijft Frank stokstijf staan.

'Jongens!' roept hij verbaasd. 'Kijk NOU eens!'

Ik staar naar de overkant van de drukke hal. Al het bloed trekt uit mijn hoofd. Ik geloof mijn ogen niet. Nu snap ik waarom Arthur zijn uniform aanheeft.

Laat die snack maar zitten.

Ik heb geen trek meer.

HOOFDSTUK 6

De rest van het stuk bekijk ik verdoofd. Ik krijg Arthur niet uit mijn hoofd.

Ach, laat ik maar gebruikmaken van mijn poëtische bui. Wat vind je van deze:

Of deze...

Op weg naar huis schrijf ik in gedachten nog een paar gedichten over Arthur. Zo hoef ik niet te horen wat Teddy en Frank zeggen.

Oké, nu weten we het wel. Kleppen dicht.

Wat is dit bagger. Arthur is pas ÉÉN dag bij de woudscouts. Waarom mag hij spreukplaatjes verkopen tijdens de toneelavond? Waarom krijgt hij speciale privileges?

Nu is zijn voorsprong nóg groter. Hij denkt vast dat het skateboard al binnen is.

Arthur kan me wat. Ik weet zeker dat ik genoeg Pretbekjes kan verkopen om hem te verslaan. Maar hoe?

Zo! Zus, bedoel ik.

Ellen werkt parttime bij Happie Burgers. Vandaar dat ze eruitziet als een buikspreekpop. En vandaar dat al dat geld op tafel ligt.

'Deze kans laat je niet lopen!' zeg ik, wapperend met de flyer voor haar ongekend grote neus.

‘Ik wil mijn kamer niet versieren,’ zegt ze bot. ‘Ik vind ’m prima zoals hij is.’

Ja ja. Met al die knuffelbeesten en posters van tieneridolen? Smaakvol, Ellen, heel smaakvol.

Ik dring aan. Ik smeek, om precies te zijn. ‘Het is voor een goed doel,’ herhaal ik. ‘Ah, toooee?’

Ze zucht dramatisch. Je zou bijna denken dat ik haar vraag om een nier af te staan.

'Uitstekende keuze,' zeg ik, hoewel dit het meest afzichtelijke plaatje is. 'En welke nog meer?'

Haar ogen worden spleetjes. 'Pardón?' zegt ze.

'Ik eh... hoopte dat je er meer dan één zou kopen,' antwoord ik. 'Misschien drie... of vier...'

Ze grist haar geld van tafel. 'In je dromen, Niek!' snauwt ze. 'Als je ZO veel van die stomme plaatjes wilt verkopen...'

Zelf kopen. Wauw, Ellen. Dat is het beste wat ik heb gehoord sinds je scheet in het bad. Dat is...

...BRILJANT!

Herstel: IK ben briljant. Mijn geniale brein heeft zojuist bedacht hoe ik dat skateboard kan winnen!

En ik hoef die rot-Pretbekjes maar aan één persoon te verkopen:

Snap je al hoe ik dat ga flikken? Wacht, ik pak potlood en papier...

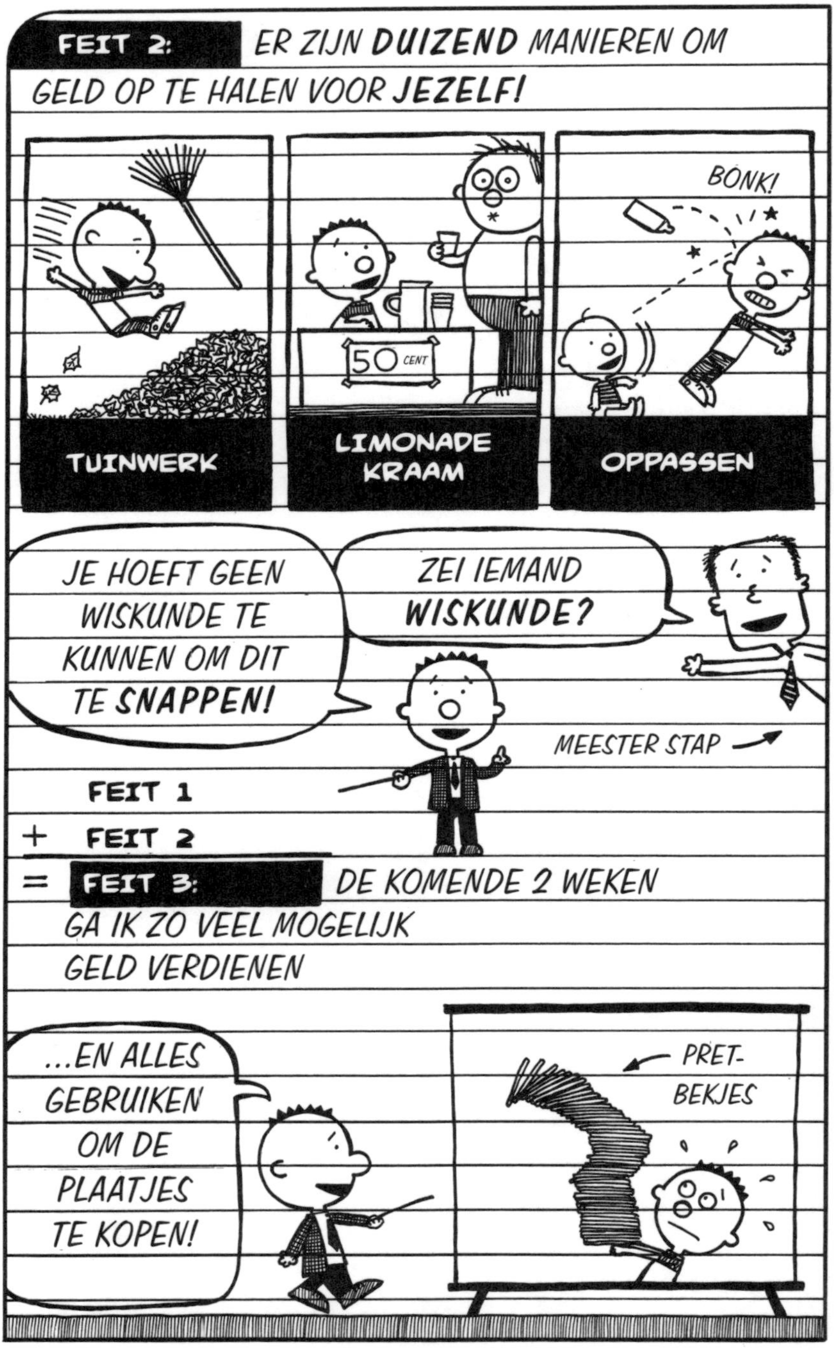
FEIT 2: ER ZIJN DUIZEND MANIEREN OM GELD OP TE HALEN VOOR JEZELF!
TUINWERK
50 CENT
LIMONADE KRAAM
BONK!
OPPASSEN
JE HOEFT GEEN WISKUNDE TE KUNNEN OM DIT TE SNAPPEN!
ZEI IEMAND WISKUNDE?
MEESTER STAP
FEIT 1
+ FEIT 2
= FEIT 3: DE KOMENDE 2 WEKEN GA IK ZO VEEL MOGELIJK GELD VERDIENEN
...EN ALLES GEBRUIKEN OM DE PLAATJES TE KOPEN!
PRET-BEKJES

Begrijp je het? Zo verspil ik geen tijd met het verkopen van spullen die mensen niet willen! Ik verdien geld op mijn eigen manier!

'Was de voorstelling leuk?'

'Ja, het was te gek,' zeg ik. Op dat gedoe met Arthur na, maar dat zeg ik niet. Snapt pap toch niet.

'Ik koop ze graag als ik je scoutinggroep ermee help,' zegt hij.

'Bedankt, pap, maar dat hoeft niet,' antwoord ik.

Hij kijkt alsof hij me niet echt gelooft. Dat ben ik wel gewend. Voor genieën zoals ik is dat dagelijkse kost.

'Goed, welterusten dan,' zegt hij. 'Niet stiekem strips tekenen in bed, hè? Het is al laat.'

Hij heeft gelijk: het is al behoorlijk laat. Maar ik ga nooit slapen zonder een strip te tekenen. Dat hoort bij het naar bed gaan. Net als flossen, maar dan leuker. En zonder het bloedende tandvlees.

ULTRA-NIEK
SUPER 8STE GROEPER!
EEN MOOIE DAG...
IK HOU VAN GEFIETS!
IK OOK!
ARTHUR →
ROOS →
PAS OP! STEILE BERG!
PLOTS...
WAT NU...?
KLIK! KLIK!
MIJN REMMEN ZIJN STUK!
KLIK! KLIK!
DOE IETS, ARTHUR!
KAN NIET. MENSEN DENKT DAT IK PERFECT BENT, MAAR IK BEN EEN OENEMELOEN.
HELP!

ONDERTUSSEN...
BEDANKT VOOR JE HULP BIJ HET OVERSTEKEN, KNUL!
GEEN DANK!
HELP!!
DAT KLINKT ALS ROOS!
SUPER-SCHERP GEHOOR
DIT IS 'N KLUS...
...VOOR ULTRA-NIEK!
SCHEUR!
IK GA HAAR REDDEN MET MIJN NIEKBOARD!
ZOEF!
KOMT ULTRA-NIEK WEL OP TIJD?
WAAAAAH!
TOET!
LOSGESLAGEN TRUCK

GRIP!
TOET!
JE HEBT ME GERED!
DAT IS MIJN WERK.
ROOS! JE IS VEILIG!
JA, EN BEDANKT HOOR!
DOEI ARTHUR! VANAF NU IS ULTRA-NIEK MIJN VRIENDJE!
NIEMAND KAN OP TEGEN ULTRA-NIEK!
ZEKER GEEN ULTRA-LOSER ZOALS JIJ!
EINDE

De volgende ochtend is het zaterdag, maar slaap ik uit? Dacht het niet.

'Niek,' zegt pap wanneer ik beneden kom, 'wil je deze brieven even voor me posten?'

Oeps. Foutje. Pap wordt een Woeste Tomaat.

‘Laat maar,’ zeg ik snel. ‘Ik doe het gratis.’

‘Wat royaal van je.’ Terwijl ik de deur uit glip, kijkt hij me woedend na.

Oké, misschien was ik iets te gretig. Maar hoe kan ik Arthur anders inhalen? Ik moet elke mogelijkheid om geld te verdienen aangrijpen.

‘Ach, ik heb mijn knie verdraaid,’ antwoordt hij. ‘Ik moet het een paar dagen rustig aan doen.’

Hoor je dat?

Snel mijn voet tussen de deur!

‘Dan kunt u Pluk niet uitlaten!’ merk ik op.

‘Dat klopt,’ antwoordt hij.

We sluiten een deal: meneer Eustis betaalt me acht euro per dag om Pluk de hele week uit te laten. Dat is genoeg voor zeven Pretbekjes!

‘Je kunt meteen beginnen,’ zegt hij, en hij geeft me Pluks riem. ‘Maar kijk uit, Niek...’

'Geen zorgen,' zeg ik zelfverzekerd. 'We lopen alleen naar het park en terug.'

HOOFDSTUK

7

Alles. DAT is wat er kan misgaan...

Ik heb het niet alleen over Pluk. Het hele WEEKEND was een ramp. Oké, ik heb wat geld verdiend. Daar ben ik blij mee. Geloof ik.

Het begon prima.
Pluk en ik liepen naar het park.

Ik dacht dat honden een ingebouwd gps-systeem hadden, maar Pluk niet. Hij raakt de weg nog kwijt in een papieren zak. En dat is pas ÉÉN reden waarom hij een totaal mislukte hond is. Dit zijn de andere:

TOP 5 HONDSDOLLE FEITEN OVER PLUK

5. HIJ DRAAGT ALTIJD EEN PAARSE TRUI OMDAT HIJ ZICH DAN HOLLAND'S NEXT HOND MODEL VOELT.

4. HIJ HOUDT NIET VAN APPORTEREN, ZOALS NORMALE HONDEN, MAAR VAN EEN LEUK MIDDAGJE TOEPEN.

3 HIJ WORDT GEPEST DOOR DE BUURT-EEKHOORNS.

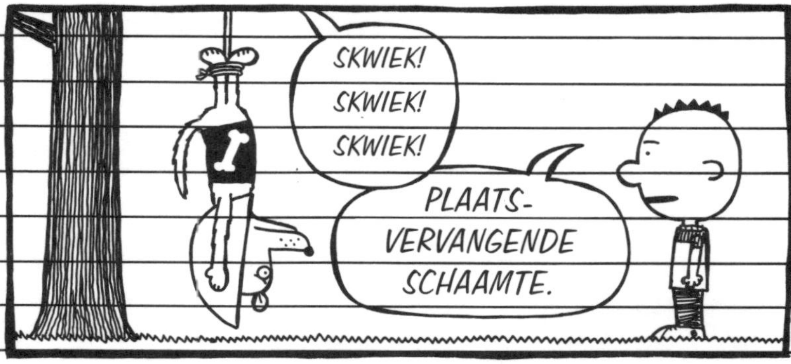

2 HIJ KOMT STEEDS BIJ ONS OM DUFFE TV-PROGRAMMA'S TE KIJKEN MET ELLEN.

1 HIJ HOUDT VAN KATTEN!!!

Hoe dan ook, ik ontdekte meteen waarom meneer Eustis Pluk onvoorspelbaar noemde. Hij rende van hot naar her en rukte een paar keer bijna de riem uit mijn hand.

Dus bond ik die aan mijn broekriem.

Een broekriem en hondenriem in één! Het leek zo'n slim idee. Misschien wel een WINSTGEVEND idee. Zouden niet alle hondenbaasjes behoefte hebben aan zo'n handig product?

Toen zag Pluk Vlekkie.

Vlekkie is Franks poes. Ik ben geen kattenkenner – ik HAAT ze – maar ik weet dat er twee soorten zijn: binnenkatten, en buitenkatten zoals Vlekkie. Ze gedraagt zich als de koningin van de buurt. Liggend op de oprit kijkt ze je pislink aan. Ze is bloedirritant.

En ze is Pluks vriendinnetje. Of dat denkt hij. Pas op als hij haar ziet. In een nanoseconde raakt hij compleet hysterisch.

Hij spoot weg, met mij in zijn kielzog. Ik zat met de riem aan hem vast, en kon geen kant op. We leken net twee ontsnapte gevangenen.

Wat heb ik de laatste tijd toch met hondenriemen? Die ene op de brug kostte me mijn skateboard en deze bijna mijn LEVEN.

Wil je een tip? Crash niet op volle snelheid tegen een boom. Een van de twee krijgt hoofdpijn, en de boom is het niet.

Natuurlijk schoot de riem los, en Pluk sprintte weg. Raad eens wie een uur lang moest zoeken naar de tortelduifjes?

Toen ik Pluk naar huis had gesleept, kreeg ik pap op mijn dak. Of, zoals ik hem noem...

Pap reageert altijd vreselijk overdreven. Dus toen hij

mijn oog formaat voetbal zag worden wist hij ZEKER dat het een hersenschudding was.

Welnee. Maar we verspilden twee uur bij de EHBO waar een arts met een zaklamp in mijn ogen scheen en zei:

Fijn. In plaats van geld verdienen en Arthur verslaan, lag ik op de bank met een zak diepvrieserwten op mijn oog. Wat een verloren zaterdag.

Maar ik had zondag nog... én een gegarandeerd waterdicht plan. Ik stond supervroeg op en produceerde binnen een uur blitse visitekaartjes.

Voordat iedereen wakker was, stopte ik mijn kaartjes in brievenbussen en tussen ruitenwissers in de hele buurt.

Toen ging ik naar huis en wachtte op de telefoontjes.

DIE KWAMEN!!!

En niet één, maar wel TIG. Bij mevrouw Muizelaar wiedde ik onkruid. Bij de familie Peters bracht ik dozen naar de kelder. En toen meneer Eustis mijn blauwe oog zag – hoezo schuldgevoel? – schilderde ik tegen betaling de leuning van zijn voordeurtrapje.

Halverwege de middag had ik bijna VIJFTIG EURO verdiend! De zaken liepen als een tierelier.

En toen...

Het was de dame die net in het huis van de familie Boerma was komen wonen.

'Yep!' antwoordde ik. 'Dat is mijn visitekaartje!'

'Dan heb ik een klusje voor je, als je tijd hebt.'

Weer een klant! En weer een mogelijkheid om Arthur te verslaan. Langzaam haalde ik hem in. Klusje voor klusje.

Maar dit was niet zomaar een klusje.

Dit was BIZAR.

Naast het pad stonden tientallen aardewerken tuinkabouters bij elkaar. Het leek net de supermarkt in Smurfenland.

‘Mijn vriendjes hebben je hulp nodig,’ zei de dame.

Eh... vriendjes? Er was niemand in de tuin. Toen besefte ik dat ze de kabouters bedoelde.

‘Zet elke kabouter bij het juiste bordje,’ legde ze vrolijk aan me uit.

Ieks. Ik vond het al krankzinnig dat ze genoeg kabouters had om haar eigen voetbalteam te beginnen, maar die NAMEN? Bij deze dame zaten wel tien steekjes los.

'Ik betaal je vijfentwintig euro,' zei ze terwijl ze naar binnen liep.

Dat was een goeie buit. Maar geen gemakkelijke. Die kabouters bleken zwaarder dan gedacht, en eerlijk gezegd vond ik ze ook een beetje griezelig. Misschien kwam het door al die appelwangetjes. Of door hun rare namen zoals Gekkie, Wurmpje en Rollebol. Geen idee. Halverwege...

Kevin is kapitein Haak in *Peter Pan*. Hij ging naar de uitvoering en had zijn zwaard bij zich.

'Het is zilver geverfd hout,' zei hij, en hij gaf het aan mij. 'Pas op hoor, het heft zit los.'

'Hé!' brulde Kevin. 'Niek, kijk uit!'

Ik KEEK uit. Tenminste, dat dacht ik. Ik lette goed op de kabouter voor me.

Maar de kabouter achter me kreeg de volle laag.

Kevin griste het zwaard uit mijn handen en controleerde of het nog heel was. 'Ben je DOOF of DOM?' riep hij boos. 'Ik ZEI nog, KIJK UIT!'

Hij beende weg en keek nijdig over zijn schouder.

'Sorry, Kevin!' riep ik hem na. 'Ik had gewoon mijn...'

HOOFDSTUK 8

'Goh, dit is nieuw,' zegt Frank als we op maandagochtend naar school lopen.

'Wat een drama,' zegt Teddy. 'Voor de kabouter, bedoel ik. Niet voor jou.'

'Maar het was voor mij ook een drama,' antwoord ik.

Teddy kapt hem af. 'Er bestaan geen leuke weetjes over tuinkabouters,' zegt hij. Dan wijst hij naar een groepje kinderen bij het prikbord.

'O!' roept Frank, een stuk vrolijker. 'Het rooster van de Wiskunde Olympiade hangt er vast!'

Wiskunde Olympiade? Nog nooit van gehoord. Spannend, hoor. Wie weet komen ze straks met het Interpunctie Schoolteam.

We wurmen ons helemaal naar voren.

'Arthur ook,' merkt Teddy op.

'En ik ook,' zegt een overbekende, irritante stem.

Doe me een lol. Wordt Gina niet misselijk van haar eigen opschepperige gedrag?

'Dit wordt geweldig!' roept ze uit.

Huh? Twee dagen? Voor het eerst in haar leven zegt Gina iets interessants.

'Wanneer IS dit hele gebeuren?' vraag ik.

'De Olympiade? Dit weekend,' antwoordt Gina.

Ik doe niet eens een poging om ad rem te reageren. Hoorde je dat? DIT WEEKEND! Dat is PERFECT!

Frank is door het dolle. 'Er doen meer dan VIJFHONDERD kinderen mee!'

Normaal gesproken is nieuws over een megagroot wiskundefestijn zo boeiend als een film over de snor van juf Godhelp. Maar dit is anders, om twee redenen:

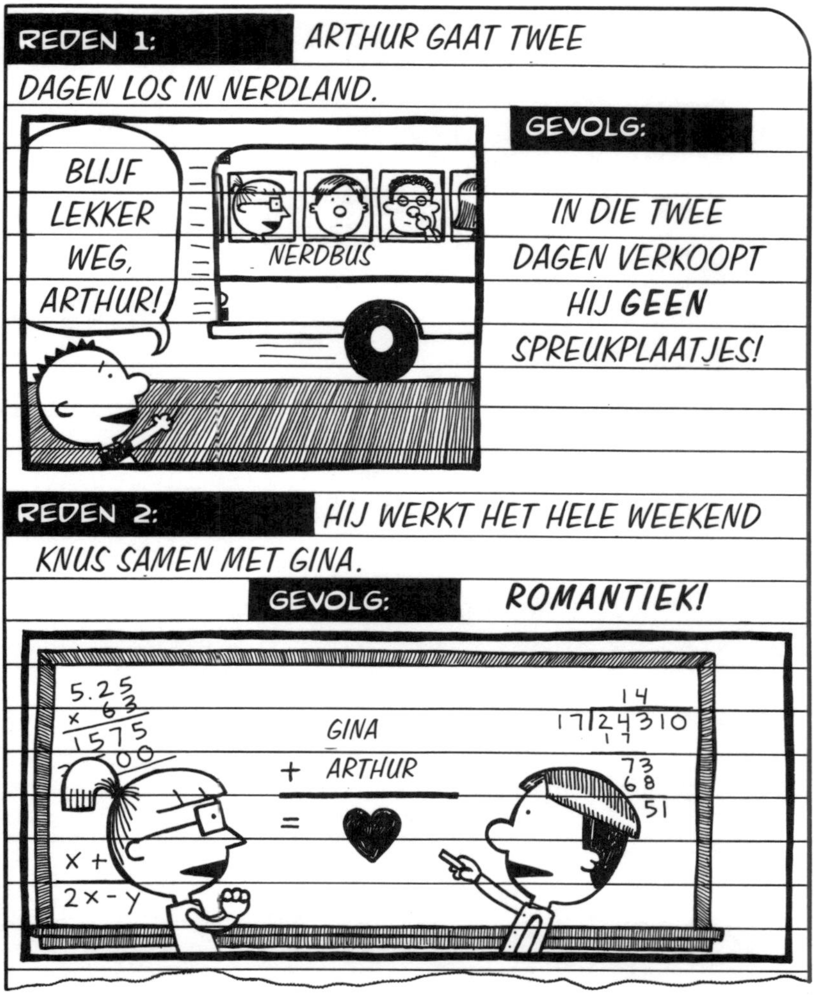

Zie je dat alles op z'n pootjes terechtkomt? Dit is FANTASTISCH!

'Hallo Niek.' Dat is een bekende stem.

'Ik hoorde dat je dit weekend meedoet aan de Wiskunde Olympiade, gabber van me!' zeg ik en ik geef hem een klap op zijn rug. 'Mazzelkont!'

'Omdat je in het team zit met GINA!' zeg ik. 'Jullie worden een wonderduo!'

Arthur lijkt het nog niet te snappen. Tijd voor grof geschut.

'Vorige maand werkten Gina en ik samen aan het geschiedenisproject,' zeg ik en ik leg mijn hand op Arthurs schouder.

'Niek,' reageert Arthur, 'ik verbaast mij hoe jij praats over Gina.'

Mijn Cupido-actie liep gesmeerd, toch? Als ik Arthur zo blijf bewerken vliegen hij en Gina binnen de kortste keren naar Tortelduivistan.

En nu de volgende taak op mijn lijst:

Dat klusjesidee was leuk, maar hard werken. En het kabouterfiasco is niet voor herhaling vatbaar.

Juf Godhelp kijkt kwaad – zo, da's verrassend! – en wuift naar me met een papier.

'Je ingeleverde huiswerk staat vol KRABBELS!' blaft ze.

Nog voor ze is uitgeraasd dringt het tot me door.

Ik maak mijn eigen stripboek! Dat is VEEL makkelijker te verkopen dan die stomme spreukplaatjes, en het leukste is: het meeste werk is al gedaan! Ik teken de HELE DAG strips!

De rest van de dag kan ik alleen maar aan mijn nieuwe ondernemingsplan denken. Na de laatste bel wacht ik niet op Frank en Teddy. Ik ren naar huis, sprint naar mijn kamer en begin aan...

Met oude favorieten zoals:

JE WORDT ZIEK VAN HET LACHEN!
DOKTER BEERPUT!
DOKTER BEERPUT KRIJGT BEZOEK VAN HET HOOFD CHIRURGIE...
BEERPUT, IK HEB GEHOORD DAT JE WEER EEN OPERATIE HEBT VERKNALD!
WIE, IK?
DR. AART S. VIJAND
JE BENT PER DIRECT GESCHORST!
GULP! NEE!
DAT KAN NIET! HEBT U GEEN MEDELIJDEN? GEEN... GEEN...

ZUSTER, HOE HEET DAT RODE KLOPPENDE DING?
EEN HART, DOKTER.
ZUSTER MARIËT GORS
VERTEL ME DAN WAARVAN IK WORD BESCHULDIGD!
GOED DAN. WAAR IS DE PATIËNT?
DAT IS HEM! DIE MAN IS EEN SLAGER!
BIJ MIJN BUIKOPERATIE NAAIDE HIJ MIJN VOET AAN MIJN HAND! EN ANDERSOM!

En ik strooi met wat nieuwe creaties, zoals deze:

LICHT...! CAMERA...! LACHEN...!
JO SPEEDO,
STUNTMAN IN HOLLYWOOD!
OP EEN DAG OP DE FILMSET...
J.B., DIT WORDT NIKS!
WAT IS ER DAN, JO?
WILDE RIVIER
DE DRUK VAN HET STUNTEN WORDT ME TE VEEL! IK WIL DIE WATERVAL ECHT NIET OVERZWEMMEN!
IK... IK DURF NIET MEER!
RUSTIG, JO. IK BEN ER VOOR JE.
ACTIE!
DUW!

EVEN LATER...
KREUN! GELUKT, J.B.!
IK HEB ZESTIEN GEBROKEN BOTTEN EN VIJF GESCHEURDE ORGANEN...
MAAR DAT WAS HET WAARD! MIJN ANGST IS OVER-WONNEN!
HEEL MOOI, JO. GOED ZO.
HET WAS BEST GOED VOOR 'N EERSTE TAKE.
EERSTE TAKE?
DIT KEER MINDER HARD GILLEN.
HET EINDE

Dit zijn pas de eerste paar pagina's. Het complete boek wordt véél dikker. De vraag is...

Ik ga voor een mooi rond bedrag: vijf euro. Als ik twintig stuks van *Nieks Stripgillers* verkoop, maakt dat honderd euro. Dat is genoeg voor...

Hm. Twaalf klinkt niet echt veel. Niet als je Arthurs verkoopcijfers bekijkt. Maar ik verkoop vast veel meer dan twintig stripboeken. Twintig is pas het BEGIN.

'Ehm, ja,' antwoord ik. 'Hoeveel kosten twintig kopieën van mijn stripboek?'

Ze pakt het aan, telt de pagina's en typt iets in op haar rekenmachine.

Ik ga zowat van mijn stokje. Dat is bijna mijn hele winst van dit weekend!

Ik slik. Heel even wil ik het idee overboord gooien.

Dan besef ik weer hoe gaaf mijn strips zijn.

Ik trek een verkreukeld stapeltje briefgeld uit mijn zak en tel vijfendertig euro uit. Wat een hoop geld. Maar men zegt altijd: je moet geld uitgeven om geld te verdienen.

Als men maar gelijk heeft.

HOOFDSTUK 9

Ben je niet zo'n droeftoeter die meedoet aan de Olympiade, dan lijk je vast op mij: je wilt wiskunde koste wat kost vermijden.

Ik bedoel: omdat ik zoveel geld moest betalen voor de kopieën, houd ik geen honderd euro over als ik mijn strips voor vijf euro verkoop.

Dat is maar goed voor ACHT spreukplaatjes, geen twaalf. Ik moet beter mijn best doen om Arthur te kunnen verslaan. Zal ik anders zes euro vragen? Of zeven? Maar willen mensen zoveel betalen voor een stripboek?

Dikkie werkt na school bij Stripblik in het winkelcentrum. Bovendien is hij Ellens vriendje. Gast, wat bezielde je?

Maar op zijn beroerde smaak wat betreft vriendinnen na, is Dikkie cool. En hij weet alles van strips. Niemand kan je stripvragen beter beantwoorden.

'Het nieuwste, TE GEKKE nummer van *Femme Fataal* is binnen!' zegt hij. 'Ik heb er een voor je.'

'Bedankt, maar vandaag koop ik niks, Dikkie,' zeg ik.

'Dit stripalbum heb ik zelf getekend,' zeg ik trots.

Hij bladert erdoorheen. 'Reuze indrukwekkend,' zegt hij bewonderend.

Hij trekt een moeilijk gezicht. 'Ik weet het niet, Niek. Da's best fiks voor een zelfgemaakt album.'

'Maar het is STEENGOED!' benadruk ik. 'Mag het op de toonbank zodat de klanten het kunnen bepalen?'

Dikkie verdwijnt naar achteren en ik blijf bij de kassa. Dan zie ik in de hoek een grote vent. Een grote HARIGE vent.

In zichzelf pratend trekt hij boeken uit de kast. Oké, da's best wel raar.

Hij stopt ze in zijn tas!

Ik wil Dikkie halen, maar dat hoeft niet. Daar komt hij al aan.

'Winkeldief?' herhaalt Dikkie. 'Niek, hij is geen –'

'Jawel!' roep ik. 'Hij stal spullen! Ik zag het zelf! Ik ben een OOGGETUIGE!'

Dikkie steekt zijn hand op alsof hij me tegenhoudt. ‘Niek,’ fluistert hij, ‘dat is Wouter.’

De baas? Hij? Die kerel die bij de neanderthalers is blijven plakken?

‘Hij zocht de stripboeken uit die niet goed verkopen,’ zegt Dikkie zachtjes.

Oeps. Mega-oeps. Maar hoe moest ik dat weten? Geef toe, het zag er allemaal behoorlijk verdacht uit.

‘Eh... het spijt me, meneer,’ zeg ik.

Harry Holenbeer kijkt alsof zijn innerlijke Godhelp tot leven komt. Trekt-ie nu soms een dinosaurusbot tevoorschijn om me neer te slaan?

(JA, ik weet dat holbewoners en dino’s niet tegelijk leefden. Het is FIGUURLIJK bedoeld.)

Hij graait in zijn zak en geeft me een vijfje.

‘Hier,’ zegt hij. ‘Ik koop er een...’

Kom op, zeg. Ik ga niet weer alle deuren langslopen. Dat duurt te lang. Hoe kom ik nu zo snel mogelijk aan...

DUH! Aarde aan Niek: je bent in een winkelcentrum! Hier vind je hordes mensen die uit zijn op topproducten!

En TOP, dat ben ik!

'Maar een stripalbum zoals dit hebt u nog nooit gezien!' zeg ik en ik druk het in haar handen.

Ze bekijkt bladzijde één en fronst.

'Dokter Beerput?' zegt ze. 'Welke dokter heet er nu Beerput?'

Ze geeft het album terug. 'Er is niets grappigs aan een man met een voet als hand,' zegt ze bits.

Wauw. Over operaties gesproken: kan deze oma een humortransplantatie krijgen? Stuk chagrijn.

Over op plan B.

‘Zie dit eens!’ zeg ik terwijl ik door mijn boek blader. ‘Het is Jo Spiedo, stuntman uit Hollywood!’

De man begint zwijgend te lezen. Ik wacht zijn reactie af.

Hallo? Heeft deze vent wel een hartslag? Iedereen die *Jo Spiedo* leest, krijgt gegarandeerd een...

Oei. Let op. Hij wil iets zeggen.

Is dat alles? Ik geef hem een komisch meesterwerk en het enige wat hij zegt is ‘Ik snap ’m niet’?

Je snapt wel meer niet, makker. Bewijs: je draagt sokken in je sandalen. Daarmee ben je officieel lid van...

Blijkbaar gaan mijn strips sommige mensen de pet te boven. Jammer dan. Er zwemmen meer vissen in de zee. Ik moet ze alleen binnenhengelen.

Ik heb de perfecte oplossing! Waarom zou ik klanten één voor één aanspreken...

TEST! 1...2...3...
TEST!
LUISTER, MENSEN! HOUD JE VAN STRIPS? KOM DAN ALS DE DONDER NAAR DE INFORMATIEBALIE EN KOOP NIEKS STRIP-GILLERS! JE LIGT DUBBEL! VOL BRILJANTE GRAPPEN! EN VOOR EEN KOOPJE! SLECHTS ZES EURO PER STUK!
VOOR ZEVEN EURO SIGNEER IK HEM!
AHUM!
!

O-o. Een bewaker.

'Waar zijn wij mee bezig, ventje?' vraagt hij boos. Hij snuift er hard bij. Hij is vast helemaal vanaf het restaurant hierheen gerend.

'Je kunt hier niet zomaar spullen komen verkopen, snotaap!' briest hij. 'Behalve als het voor een goed doel is, of je school, of –'

Gloep. Agent Prikkelbaard heeft een punt. En dit is pas het begin. In de vijftien minuten erna noemt hij alle belangrijke winkelcentrumregels die ik heb overtreden.

Eindelijk is de preek klaar en hij geeft me een mobiel. ‘Bel een van je ouders om je op te halen.’

Heel even overweeg ik te zeggen dat ik geen ouders heb. Ineens lijkt het me niet zo erg om wees te zijn.

Niet opnemen, pap. Niet opnemen. Niet...

'Hallo?'

'Eh... hoi, pap. Met mij,' zeg ik.

HOOFDSTUK 10

Ooit huisarrest gehad?

In ons gezin, tenminste. Ik ken kinderen die iets uithalen en dan zeggen: 'Ooo, ik heb huisarrest gekregen van mijn ouders.' Maar hallo, zij mogen gewoon tv-kijken, bellen en computeren. Zij mogen dingen DOEN.

Zo gaat het niet bij ons thuis. Wanneer pap me huisarrest geeft (let op, ik zeg 'me' en niet 'ons', want Ellen krijgt het NOOIT) is hij keihard.

Geen tv. Geen telefoon. Geen computer.

Pap ziet het anders. Hij zegt dat huisarrest 'uitdagingen biedt'. Om wat te doen? Mijn sokkenla uitzoeken? Blijkbaar is in je slaapkamer hangen en kaal worden de enige vorm van vermaak als je zo oud bent als pap. Volgens hem is er genoeg te doen tijdens huisarrest.

★ JE ZUS BESPIONEREN!

JE WEET NOOIT WAT JE ZULT ONTDEKKEN... WANT OUDERE ZUSSEN LEIDEN **FASCINERENDE LEVENS!**

★ PLUISJES UIT JE NAVEL HALEN!

★ GOEDE GESPREKKEN VOEREN!

Klinkt tof, hè? Bovendien kan ik op deze manier ook geen geld verdienen. Ik ben dus voor geen meter ingelopen op Arthur, zelfs niet toen hij naar die stomme Wiskunde Olympiade was.

Als Fanatieke Freddie me maar voor twee dagen had gestraft, had ik nog kans op dat skateboard gemaakt. Maar dit duurt al een WEEK! De enige keer dat ik zo lang huisarrest kreeg, was toen ik Pluk had geschoren.

Ik snap nog steeds niet wat ik fout deed. Hoe moest ik die superlijm anders uit zijn vacht krijgen?

Wanneer ik aan tafel kom, gaat pap op de serieuze toer. 'Niek,' zegt hij, 'als je de dag op school zonder problemen doorkomt...'

YES! Ik ben VRIJ! Of tenminste, zodra ik uit school kom. Ik prop mijn ontbijt naar binnen, poets mijn tanden en pak mijn rugzak.

Oeps. Ik weet het alweer: Frank en Teddy zijn vroeg naar school gegaan voor de VVB.

Dat is de Vroege Vogel Boekenclub. Puistje – mevrouw Pruiser, de bibliothecaresse – organiseert de VVB om de dinsdag. Leerlingen komen extra vroeg om hun favoriete boeken te bespreken, en Puistje neemt appelsap en muffins mee.

Ik was ook naar de VVB gegaan als pap me niet had opgesloten. Wat zou ik missen? Amanda Goudsteen bespreekt vast wéér een paardenboek. Als er geen 'pony' in de titel staat...

Huh? Hoorde ik daar mijn naam?

Wat is dit? Waarom praat iedereen over me? Niet vanwege het incidentje in het winkelcentrum. Dat is al oud nieuws.

Ik zie Frank en Teddy de bibliotheek uit komen. Ik denk niet eens meer aan mijn vrijlating. Ik vraag het hen meteen.

Dit wordt irritant. 'Wat is er zo LOLLIG?'

Watte? HARTENDIEF?? Ik ben toch geen sprookjesprins? Dit is foute boel.

'We weten je geheim!' zegt Teddy grinnikend. 'Tijd om het toe te geven!'

De gang tolt om me heen. 'Zijn jullie GEK?' brul ik. 'Gina is mijn GROOTSTE VIJAND!'

'Niet volgens Arthur,' giert Frank.

Ik moet overgeven. Weet je wat dit betekent? Arthur had het niet door. Hij was te dom om te begrijpen dat ik hem aan Gina koppelde.

Het ergste is dat hij het heeft rondgebazuind! Nu denkt iedereen dat ik stapel ben op HET IRRITANTSTE MENS ALLER TIJDEN! Hartelijk bedankt, Arthur.

De bel gaat: mentor-uur. Maar ik verroer geen vin. Ik wil nu echt niet in één lokaal zitten met Arthur en Gina. Misschien ga ik spijbelen.

Maar dan herinner ik me de woorden van pap bij het ontbijt: dat mijn huisarrest voorbij is...

Spijbelen betekent nablijven. Nablijven valt in de categorie problemen. Balen.

Ik loop naar het lokaal van juf Godhelp.

Puistje komt me achternagelopen met een vel papier.

Ik herken het meteen. Dit is Arthurs Pretbekjes-bestellijst. En het staat PROPVOL.

Ik lees het snel door. Wauw. Op de eerste dag

verkocht hij er twintig... veertien tijdens *Peter Pan*... toen nog drie... toen twee... toen vijf...

Ik tel alles op.

Wacht. Hoeveel? Ik wist dat Arthur zijn stinkende best heeft gedaan, maar dit is IDIOOT. Het lijkt of ik een stomp in mijn maag krijg.

Zijn ogen vallen bijna uit zijn kassen. 'Bedanks, Niek! Ik wistte niet eens dat ik het vergeten was!' Dan gaat hij fluisterend verder: 'Weets je wat ik voor aardigs aan Gina heeft verteld?'

Hij grijnst breed naar me en knikt alsof hij op een antwoord wacht. Wat moet ik zeggen? De waarheid? Dacht het niet.

‘Hou daar toch over op, Arthur,’ zeg ik bot. ‘Ik ben op iemand anders.’

Zo. Snap je het nu? Misschien stopt dat rottige geroddel over mij en Gina nu.

Gina gromt tegen me als een hondsdolle hamster. ‘Ik weet niet wat voor een gestoorde streek je uithaalt...’

Ik slaak een zuchtje van opluchting. Ik VERWACHTTE dat ze dat zou zeggen, maar ik was toch even bezorgd. Stel dat DIT was gebeurd?

Zo. Nu houdt ze haar klep en kan ik me concentreren op vandaag. Ik heb het me goed ingeprent: GEEN PROBLEMEN!

Het is doodvermoeiend. Een dag lang niet in de problemen komen is moeilijker dan je denkt. Tijdens gym en natuur & techniek scheelt het heel weinig.

Maar ik red het. De bel gaat. Nu is het officieel: geen huisarrest meer.

Donderdag bij de bijeenkomst leveren we onze bestellijsten in. Ik heb maar twee dagen om genoeg geld te verdienen en Arthur in te halen.

BALANS	
+ VERKOCHTE PLAATJES (5)	€ 40
+ PLUK UITLATEN	€ 56
+ ONKRUID WIEDEN	€ 20
+ DOZEN WEGBRENGEN	€ 15
+ VERVEN	€ 12
TOTAAL VERDIEND →	€ 143
MINUS UITGAVEN (KOPIEËN)	€ 33,92
TOTAAL GENERAAL →	€ 109,08

Kortom: een groot gat. Om dat skateboard te winnen – en om die snert-Arthur voor één keer TWEEDE te laten worden – moet ik voor donderdag ruim driehonderd euro verdienen. Onmogelijk.

Nou, nee. Niets is onmogelijk. Maar het wordt pittig. Ik heb een wonder nodig. De vraag is...

HOOFDSTUK

11

Mijn wangen worden vuurrood. 'O... je hebt het ook gehoord?'

Dikkie lacht, maar niet om onaardig te doen. 'Niek, je hebt het speakersysteem gekaapt!'

Juist. Dat gedeelte sla ik over wanneer ik mijn levensverhaal schrijf. Tijd voor een ander onderwerp. 'Wat is dat?' vraag ik.

'Hierin staan de prijzen van waardevolle stripboeken,' zegt hij, en hij geeft de gids aan mij. 'Het is ongelooflijk hoeveel sommige strips opleveren!'

Ik blader erin. Hm, ik dacht dat ik veel van strips wist, maar...

'Tuurlijk,' antwoordt hij. 'Lever je hem straks af bij de winkel?'

Ik sprint naar huis.

Snel.

Alsof ik SKATEBOARD.

Je vraagt je vast af wat er aan de hand is. Nou, dat weet ik niet zeker. NOG niet. Ik kan maar één ding zeggen:

Ligt misschien wel voor het oprapen!

Aan het einde van de scoutbijeenkomst op donderdag leveren we onze bestellijsten in bij Teddy's pa.

'Jongens,' vraagt Arthur, 'wat is jamboree?'

'Dat is een soort woudscoutfestival,' antwoordt Frank. 'Alle groepen uit de stad zijn erbij.'

'Net als de Wiskunde Olympiade, Arthur,' leg ik uit.

Arthur wordt opgehaald. Zwaaiend stapt hij in de auto. 'Ik hoopt dat ik een prijs wint!' zegt hij. 'Toedels, jongens!'

'Hij hóópt dat hij wint?' roept Teddy uit. 'Arthur heeft als een gek spreukplaatjes verkocht, dus...'

'Wacht maar af, jongens,' zeg ik. 'Arthur heeft misschien wel concurrentie!'

'Dat klopt,' geef ik toe.

De jongens kijken verward. Geen wonder. Ik kende *Hommelman* ook niet... tot die rommelmarkt vorige herfst.

'Je had dus een stoffig stripalbum gekocht,' zegt Frank. 'Wat heeft dat te maken met de inzamelingsactie?'

'Effe dimmen, Frank, er komt nog meer!' reageer ik. Ik vertel over Dikkie en zijn prijsgids.

Ik geloofde het haast niet. DUIZEND PIEK! Ik wist bijna zeker dat ik dat stripalbum in mijn kast had liggen. Ik moest het alleen nog even vinden.

De speurtocht duurde uren. Maar uiteindelijk...

HOMMELMAN, nummer 12!
Dit was het album uit de prijsgids.
Mijn strip van vijftig cent was een
UNIEK EXEMPLAAR!

'Dat was het verhaal,' zeg ik.

'Nee, Dikkies baas vond de staat ervan niet zo goed,' antwoord ik. 'De omslag was gescheurd...'

'Toch kreeg ik veel. Wie weet wel genoeg om het skateboard te winnen.'

'Als het je om dat skateboard ging, had je er met het geld voor *Hommelman* een kunnen KOPEN,' merkt Teddy op. 'Waarom kocht je dan al die spreukplaatjes?'

'Anders had ik geen geld opgehaald voor de woudscouts,' help ik hem herinneren.

‘Hoeveel geld heb je nu bij elkaar?’ vraagt Frank.

‘Vertellen brengt ongeluk,’ zeg ik.

Op zaterdagochtend lopen Frank en ik naar het voetbalveld waar de jamboree plaatsvindt. Zodra we Teddy en de anderen hebben gevonden lopen we een rondje om alles te bekijken.

Dan begint Arthur op mijn zenuwen te werken.

ZING!
MOOIE, NIEK!
PLOF!
JOUW BEURT, ARTHUR!
HOKÉ!
ZIP!
ARTHUR, JE MOET ONDERHANDS GOOIEN!
KLENG!
RAAK!
TE GEK, ARTHUR!
DAT WAS 'N MAZZELWORP!
GOH, MEEN JE DAT NOU?
HÉ! MIDGETGOLF!

ZO DOE JE DAT, HEREN!
TIK!
ARRGH! NET NIET!!
KIJK UIT, NIEK. ARTHUR SLAAT!
OEI! TE HARD!
PAF!
PONK!
KLOENK!
HOLE-IN-ONE!
ARTHUR, WAT BRILJANT!

Zie je hoe het gaat? Zelfs al heeft Arthur geen idee wat hij doet, alles lukt. Het is zo...

Oei. Dat is de scoutleider. Gaan we beginnen?

Yep, nu komt het. Mijn maag draait salto's. Heb ik genoeg geld ingezameld om Arthur te verslaan? Of heeft hij nog meer Pretbekjes verkocht nadat ik dinsdag zijn bestellijst zag?

En wie weet heeft een kind uit een andere groep NOG meer verdiend dan wij.

'De derde prijs, een doe-het-zelfrobot, is voor...'

...JOHAN HUPS UIT GROEP 7!

Beleefd applaus. Johan loopt naar voren voor zijn prijs. Ik klap kort. Denk ik. Ik ben zo nerveus dat ik mijn handen niet voel.

'En dan nu de top-twee prijzen...' Stilte.

'Arthur Parfait en Niek de Groot, beiden uit groep 3! Kom naar voren, jongens!'

Ze klappen en duwen ons naar het podium. Ik sta paf. Is DIT het resultaat na twee weken jagen op Arthur? Een gelijke stand?

'Deze scouts hebben allebei ACHTENVIJFTIG plaatjes verkocht! Ze verdienen beiden de hoofdprijs!' roept de scoutleider zodra we op het podium staan. 'Maar er is maar één winnaar!'

Meent hij dit? Beslissen we zo over het skateboard? Met een toss tussen mij...

Ik weet dat ik statistisch gezien een kans van vijftig procent heb.

Maar zo voelt het niet. Niet tegen Mazzelman. Het voelt meer als tien procent. Of nee, als ÉÉN procent.

De scoutleider knikt naar me. 'Zeg het maar, knul.' En voordat ik erover kan nadenken, vliegt de munt door de lucht.

‘Het is kop!’

Kop? Dus... ik win?

‘En Niek...’ zegt de scoutleider.

‘...met een bon om hem te laten bedrukken zoals jij wilt bij Bens Waanzinnige Wielen!’

'Bedankt,' pers ik eruit. Ik klem MIJN skateboard stevig vast en staar ernaar. Blijkbaar wint Arthur toch niet altijd!

Ineens staat hij naast me, met uitgestoken hand. 'Goed werks, Niek,' zegt hij.

Ik weet niet of hij het meent. Snap je nu waarom ik Arthur nooit begrijp? Hij heeft iets verloren wat hij heel graag wilde... maar hij is blij voor mij. Raar.

'Ik nodigt iedereen bij mij uit om mijn telescoop te bouwen!' zegt hij.

‘Ga maar vast, Arthur,’ zeg ik.

HIERNA KOMT
NIEK DE GROOT
DEEL 4.
SLA OM
VOOR EEN
VOORPROEFJE!

TOP of FLOP!

IK HAAT BASISSCHOOL DE WINDMOLEN. WAAROM? **IEDEREEN** OP DE BOTTEL HAAT DE WINDMOLEN. DIE SCHOOL IS ONZE AARTSRIVAAL. VINDEN **WIJ**, TENMINSTE. MAAR DE KINDEREN VAN DE WINDMOLEN ZIEN HET IETS ANDERS.

DIT IS HET ROTTIGE: HET **KLOPT**. DE WINDMOLEN VERSLAAT ONS IN **ALLES**. HUN ATLETEN ZIJN ATLETISCHER. HUN MUZIKANTEN MUZIKALER. ZELFS HUN WISKUNDENERDS ZIJN NERDIGER!

DE BASKETBALWEDSTRIJD TUSSEN ONS EN DE WINDMOLEN OM HET SCHOOLKAMPIOENSCHAP WAS DE DRUPPEL.

IEDEREEN DENKT DAT WE DE WINDMOLEN NOOIT KUNNEN VERSLAAN. MAAR IK NIET. IK HEB EEN GENIAAL PLAN BEDACHT...

WAT MIJN PLAN IS?
DAT LEES JE IN
HET VOLGENDE DEEL!

Lincoln Peirce

(spreek uit: 'purs') is tekenaar/schrijver en de auteur van de populaire boeken *Niek de Groot: brokkenpiloot* en *Niek de Groot flikt het 'm weer*. Hij is ook de bedenker en schrijver van de strip *Big Nate*, die in meer dan 250 kranten in de Verenigde Staten verschijnt. Online is hij dagelijks te lezen op www.bignate.com.

Niek de Groot was genomineerd voor de Fanfare List van beste boeken van 2010 van Horn Book Magazine en de top tien van Barnes and Noble, een grote Amerikaanse boekhandel. Niek de Groot verschijnt in negentien landen, waaronder Brazilië, China, Tsjechië, Duitsland, Griekenland, Indonesië, Israël, Japan, Spanje, Taiwan en Turkije, en hij wordt in twintig talen vertaald.

Bezoek het eiland van Niek de Groot op www.poptropica.com. Op www.bignatebooks.com vind je spelletjes en blogs. Ook lees je er meer over de Niek de Groot-reeks en de schrijver, die samen met zijn vrouw en twee kinderen in Portland, Maine (Verenigde Staten) woont.

HÉ, WOUDSCOUTS!
KOOPT NIEMAND DIE STOMME PRETBEKJES? VERKOOP DAN NIEKS STOERE STICKERS!
STRIPS
DAAR TEKEN IK VOOR!
WIS KUNDE
I ♥ KAASCHIPS
BIEBJUFFEN:
PFFFT!
STIL MAAR DODELIJK
PNIEKC
WGFLIS
SEAGNB
UHTAAL
IEWYFR
LUBMDS
SKATEKEET!